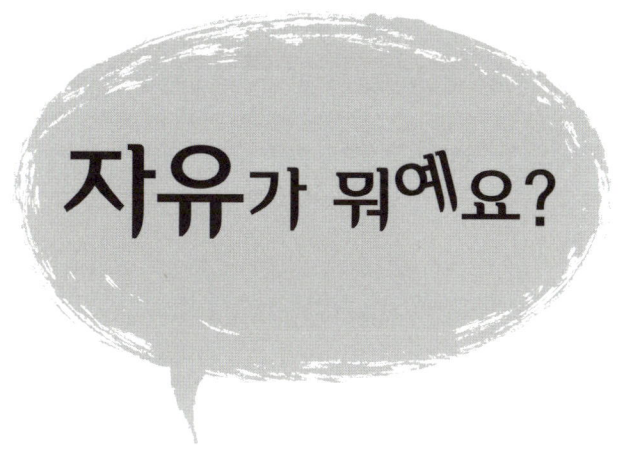

이 책은 프랑스 낭테르 시 어린이들과 오스카 브르니피에 선생님의
철학적 대화를 담은 책입니다.

LA LIBERTÉ, C'EST QUOI?

Written by Oscar Brenifier
Illustrated by Frédéric Rébéna

Copyright 2005 by Éditions NATHAN-Paris, France.
Éditions-originale : LA LIBERTÉ, C'EST QUOI?
www.brenifier.com

Korean Translation Copyright 2007 by Maks Publishing Co.,Ltd.(Sangsurinamu)
Korean Edition is published by arrangement with Éditions NATHAN
through PK Agency, Korea.

본 저작물의 한국어 판권은 PK Agency를 통해 Éditions NATHAN과의 독점 계약으로
도서출판 (주)맥스교육(상수리)에 있습니다. 한국 내에서 저작권법에 따라 보호를 받는 책이므로
무단 전재와 무단 복제를 금합니다.

상수리 출판사

상수리나무는 가뭄이 들수록 더 깊게 뿌리를 내리고
당당하게 서서 더 많은 열매를 맺습니다.
숲의 지배자인 상수리나무는 참나무과에 속하고, 꿀밤나무라 불리기도 합니다.
성경에 아브라함이 세 명의 천사를 만나는 곳도 상수리나무 앞이지요.
이런 상수리나무의 강인한 생명력과 특별한 능력을 귀히 여겨
출판사 이름을 '상수리'라고 했습니다.
우리 어린이들에게 상수리나무의 기상과 생명력을 키우는
좋은 책을 계속 만들어 가겠습니다.

철학하는 어린이 03

자유가 뭐예요?

글 | 오스카 브르니피에
그림 | 프레데릭 레베나
옮김 | 양진희

상수리

우리는 왜 질문을 할까요?

어린이들은 부모에게 혹은 선생님에게 온갖 종류의 질문을 하지요.
질문 중에는 어린이들이 아주 궁금해하는 질문들도 많답니다.
어린이들이 질문을 하면 어떻게 해야 할까요?
부모나 선생님은 어린이들의 질문에 반드시 대답을 해 주어야만 할까요?
그런데 왜 부모나 선생님이 대답을 해야 하지요?
어린이들이 대답을 하면 어떨까요?

이 책에서 부모나 선생님의 대답을 제외시키려는 건 아니에요.
왜냐하면 부모나 선생님의 대답은 어린이 스스로 생각할 수 있도록
도와주니까요. 그렇지만 어린이 스스로 질문에 대해서 생각하고 판단하면서
자립심을 키워서 책임감을 가질 수 있도록 깊이 생각하는 연습을 하는 것도
바람직하겠죠?

〈철학하는 어린이〉 시리즈에서는
각각의 다양한 질문에 대해서 여러 가지 대답을 해 주고 있습니다.
명확해 보이는 대답도 있고, 애매하거나 놀라운 대답도 있고,
고개를 갸우뚱하게 만드는 대답도 있지요.
이런 대답들은 또 다른 질문을 하게 만든답니다. 왜냐하면 생각이란
끝을 알 수 없이 꼬리에 꼬리를 물고 일어나기 때문이죠.

이렇게 해서 하게 되는 마지막 질문들은 어쩌면 대답할 수 없을지도 몰라요.
하지만 차라리 그게 더 나을 수도 있지요. 반드시 대답할 필요는 없습니다.
어떤 질문들은 단지 그 질문이 어떤 의미와 가치를 갖고 있기 때문에
그 자체만으로 좋을 수도 있답니다.

오스카 브르니피에

추천의 글
마음의 중심을 키워 주는
보물 같은 어린이 철학책

우리는 의외로 우리 자신을 과소평가합니다. 생각해 보면 한 인간을 만들기 위해서 우주는 헤아릴 수 없이 긴 억겁의 시간을 기다렸고 지구는 45억 년을 돌았습니다. 한 존재가 태어나기까지의 과정을 추적한다면 누구나 분명히 고백할 수 있습니다. '나'는 이 땅에 온 별이라고.

그런데 그 별이 빛을 잃고 돌이 되는 건 바로 '나' 때문입니다.

사회 심리학자이면서 철학자인 에리히 프롬이 그랬습니다. "인간을 낙원에서 추방할 수 있는 자는 오로지 인간뿐"이라고. 우리는 너무 쉽게 우리 자신을 깎아내려서 스스로를 낙원에서 추방한 것이지요. 지금 가난하다고, 당장 일자리가 불안하다고, 더 이상 젊지 않다고, 학벌이 별로라고, 스스로 콤플렉스를 만들면서 45억 년 세월이, 억겁의 세월이 우리를 낳은 까닭을 잊고 살아왔습니다.

〈철학하는 어린이〉 시리즈는 우리가 만든 콤플렉스 때문에 우리가 놓친 삶의 가치를 다시 생각할 수 있도록 해 줍니다. 진짜 아름다움은 어떤 건지, 행복은 어디에 있는지, 우리는 왜 자유를 추구하는지, 함께 존재한다는 것의 의미는 무엇인지, '생각'하게 만듭니다. 생각이란 걸 해 보면 우리 마음속에 얼마만 한 보화가 있는지 스스로 놀라게 됩니다.

처음에는 이 책을 별 생각 없이 펼쳤습니다. 그러다 놀랐습니다. '아니, 프랑스 어린이들은 어렸을 적부터 이렇게 스스로 생각하는 훈련을 받나!' 싶어서 말입니다. 어렸을 때부터 이렇게 성찰의 논리를 배워 익힌다면 살면서 무슨 일이 생겨도 '세상을 탓하지 않고 마음의 중심을 키워갈 수 있겠구나!' 싶었습니다.

〈철학하는 어린이〉 시리즈는 내 마음의 보물 창고를 향해 첫발을 내딛게 하는 책입니다. 이 책을 통해서 생각의 춤을 추게 되면 스스로 또 다른 방식의 춤을 추는 법도 익히리라 믿습니다.

수원대학교 철학과 교수 이 주 향

차례

1 의지 우리가 원하는 건 무엇이든 할 수 있나요? … 8

2 타인 다른 사람들 때문에 우리 마음대로 할 수 없나요? … 26

3 성장 우리가 자유로워지려면 어른이 되어야 하나요? … 42

4 죄수 감옥에 갇힌 죄수에게 자유가 있나요? … 58

5 권리 우리는 모두 자유로울 권리를 갖고 있나요? … 74

6 쓰임 자유는 어디에 쓸 수 있나요? … 92

우리가 원하는 건 무엇이든 할 수 있나요?
우리는 새처럼 하늘을 날 수도 없잖아요!

우리는 비행기를 타고
하늘을 날 수는 있잖아요?

그런데 새는 자기가
하늘을 난다는 걸 알까요?

새가 날지 않겠다고 스스로
결정을 할 수 있을까요?

가끔씩 원하지도 않았는데
사람으로 태어났다고 생각을 하나요?

우리가 무엇을 원하는지 알고 또 그것을
간절히 원한다면 원하는 것을 할 수도 있답니다.

자신의 생각이 옳다고 믿으면서
자신을 속일 수 있을까요?

자신이 없는 일을
하는 것은 실수일까요?

우리가 원한다면 엄마, 아빠를
죽지 않게 할 수 있을까요?

의지 우리가 원하는 건 무엇이든 할 수 있나요?

**나는 사탕을 마음대로 먹고 싶은데
무서워서 한 개밖에 먹지 못해요.**

우리 몸이 힘들어 할 때마다
귀담아들어야 할까요?

우리 몸은 언제든
아파도 되나요?

우리 몸이 하고 싶은 대로
따라야 하나요?

우리는 몸과 생각이
하라는 대로만 해야 할까요?

우리가 착하고 바르게만 행동한다면
원하는 것들을 언젠가는 할 수도 있답니다.

사람들은 언제나
현명하고 바르게만 행동할까요?

사랑에 빠진 게
현명하고 올바른 일일까요?

의지 우리가 원하는 건 무엇이든 할 수 있나요?

말썽을 부리는 게 착한
행동이라고 배우지는 않았지요?

어떤 행동을 하기 전에
반드시 그 행동에 대해서
여러 가지로 생각을 하나요?

우리는 모든 것을 다하고 싶을 때가 있답니다.

우리가 할 수 있는 모든 것들을
제대로 알 수 있을까요?

아무것도 하고 싶지
않을 수도 있을까요?

집에 있고 싶기도 하고 여행도
떠나고 싶은 생각이 동시에
들 때도 있지 않을까요?

결정을 내릴 수 없어도
행동으로 옮길 수 있을까요?

우리가 만약 힘이 아주 세고 용감하다면
무엇이든 할 용기가 생길 거예요.

우리가 하고 싶은 일이
언제나 위험하고 힘들까요?

행동으로 옮기기 위해서 힘과
용기만 있으면 될까요?

왜 우리가 원하는 건 무엇이든 할 수 있나요?

힘이 센 사람들은 약한 사람들보다
더 마음대로 자기가 하고 싶은 일을
할 수 있나요?

원하는 걸 하지 못하고
포기할 때도 용기가 필요하지
않을까요?

생각정리하기

우리가 원하는 건 무엇이든 할 수 있나요?

우리는 원하는 건 무엇이든 다할 수 있어야 자유로운 거라고 생각을 합니다.
그런데 다른 사람들뿐만 아니라 때로는 우리 자신의 신체적, 환경적
조건이나 제한 때문에 못하게 되는 일이 많답니다.
어쩔 수 없이 병에 걸릴 때도 있는 연약한 인간이기 때문이지요.
그리고 또 우리는 자신이 무엇을 원하는지 모를 때도 많고, 생각도 자꾸
바뀌지요. 때때로 우리는 계획을 세우고도 너무 위험하다는 생각이 들 때면
하려고 했던 일들을 포기하기도 한답니다.
우리가 무슨 일을 결정할 때 의지만 있다고 되는 게 아니고, 행동으로
옮길 수 있는 용기와 힘도 있어야 한다는 걸 깨닫게 됩니다.
그래서 용기가 없어서 계획한 일들을 그만둘 때도 많지요.
특히 모든 것을 다하고 싶어 지나친 욕심을 부린다면 그만두게 될 때가 더
많겠지요. 진정으로 자유로우려면 무언가를 선택할 줄도 알아야 하지만
용기 있게 포기할 줄도 알아야 합니다.

이런 질문을 하는 건….

우선 자기 뜻대로 할 수 있는 것들이 무엇인지를 알아야 하기 때문입니다.

그리고 자신이 할 수 없는 불가능한 꿈들에 사로잡히지 않는 것도 배워야 하기 때문이지요.

당장 하고 싶은 욕구와 오랫동안 깊이 생각해 온 것들을 구별하기 위해서랍니다.

우리의 의지와 감정과 판단력에 한꺼번에 귀를 기울일 줄 알아야 하기 때문이랍니다.

 철학 박사 백금서 선생님이 들려주는 어린이를 위한 '자유' 이야기

진정한 자유는 무엇일까요?

"이 몸이 새라면, 이 몸이 새라면 날아가리!" 자유로운 삶을 꿈꾸는 사람들은 하늘을 마음대로 날아다니는 새들을 부러워합니다. 하지만 과연 새들은 완전히 자유로울까요? 날지 않고 살 수 있나요? 사실 새들은 선택을 할 수 없답니다.

또 참새는 텃새라서 철새처럼 멀리 날아갈 수가 없고, 갈매기는 물고기 먹이를 구할 수 있는 항구를 벗어나 자유롭게 높이 날 수도 없습니다.

새들은 본능에 따라 주어진 대로 살기 때문입니다.
하지만 사람에게는 선택의 자유가 있습니다.
사람은 더운 곳이나 추운 곳, 또 산속이나 초원 어디든 살고 싶다면 자연을 개척하여 자유롭게 삽니다. 또 사람은 직접 날지는 못해도 비행기를 타고 하늘을 날 수 있고 잠수함을 타고 물속 깊은 곳에도 갈 수 있습니다.
오늘날 사람은 자신을 지배하는 자연을 극복하여 동물보다 훨씬 더 자유로운 존재가 되었답니다. 사람에게는 스스로 원하는 것을 선택해서 행동할 수 있는 자유가 있습니다. 하지만 사람이 완전히 자유로운 건 아닙니다.
자유가 "무엇에도 얽매이지 않고 마음대로 행동하는 일"을 뜻한다고 한다면 사람은 완전히 자유로울 수 없습니다. 지금 해가 지면 좋겠다고 생각하지만 내가 지금 해를 지게 만들 수는 없습니다.
또 맛있는 것만 먹으려고 매일매일 사탕만 먹는다면 몸에 병이 나서 오히려 자유로운 생활을 할 수 없게 될 겁니다.
'그리스 로마 신화'에는 최초로 날게 된 사람의 이야기가 전해지지요. 그의 이름은 이카루스랍니다. 미로에 갇힌 다이달로스와 그의 아들 이카루스는 몸에 밀랍으로 만든 날개를 달고 날아오름으로써 미로를 탈출합니다. 아버지는 아들이 너무 높이 날자 주의를 줍니다.
"이카루스, 태양 가까이 가면 안 된다. 밀랍이 녹으면 위험해!"
하지만 이카루스는 아버지의 경고를 무시하고 높이 올라가 뜨거운 태양 가까이 갔고 결국 날개가 녹아 바다 속으로 빠져 죽습니다.
사람이 무한히 자유롭다고 생각한다면 이카루스처럼 파멸에 이를 것입니다. 사람은 자연의 법칙을 알고 이것을 이용할 때 비로소 진정으로 자유로울 수 있습니다.

타인

다른 사람들 때문에
우리 마음대로 할 수 없나요?

부모님과 선생님이 항상
우리에게 "이거 해라, 저거 해라!" 시킵니다.

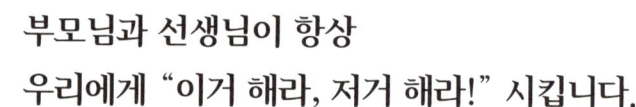

부모님과 선생님이 시키는 일들이 정당하고 꼭 해야 할 일들인데도, 우리 마음대로 못하게 하기 위해서 그러는 거라는 생각이 들 때도 있나요?

우리는 부모님이나 선생님의 생각과 다르다는 것을 말할 수도 있고, 말을 안 들을 수도 있지 않나요?

타인 | 다른 사람들 때문에 우리 마음대로 할 수 없나요?

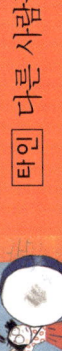

우리는 혼자서
자신의 삶을 살 수 있을까요?

모든 사람이 우리에게 명령할
권리를 갖고 있나요?

나를 사랑하는 사람들은 내 마음대로 할 수 있도록
내게 날개를 달아 줍니다.

사랑하는 사람들이 우리에게 갖는
믿음 때문에 우리가 잘못된 생각을
할 수도 있을까요?

그런데 만약 우리가 하고 싶은 일을
하기 위해서 부모님을 떠나야만 하는데
부모님이 반대한다면 어떻게 해야 할까요?

우리는 자신감을 갖기 위해서 우선
자신부터 사랑해야 하지 않을까요?

우리를 못살게 구는 사람들도
우리에게 날개를 달아 줄 수 있을까요?

타인 다른 사람들 때문에 우리 마음대로 할 수 없나요? 30 | 31

우리는 다른 사람들을 기쁘게 하기 위해서
그 사람들을 따라 해야 한다고 느낄 때도 있어요.

다른 사람들을 따라 하지 않고도
그 사람들을 기쁘게 할 수는 없을까요?

자유로우려면 반드시
다른 사람들과 달라야만 할까요?

다른 사람들을 따라 하라고 시키는 건
자기 자신일까요? 아니면 다른 사람들일까요?

어쨌든 우리 자신은
다른 사람들과 닮지 않았나요?

여러 가지 활동을 배우고 직접 해 보려면 다른 사람들이 필요합니다.

이런저런 일들을 혼자서 하는 게 더 편하지 않을까요?

그런데 만약 다른 사람들이 나쁜 방법으로 우리를 해치려고 한다면 어떻게 해야 할까요?

타인 다른 사람들 때문에 우리 마음대로 할 수 없나요?

다른 사람이 필요할 때도
우리는 자유로운 걸까요?

어려운 일을 혼자 해결할 수 있도록
사람들이 우리에게 가르쳐
주어야만 할까요?

그래, 그렇지만….

다른 사람들은 우리에게 언제나
겁을 주려고 그렇게 하는 걸까요?

다른 사람들로부터 끊임없이 자기 자신을
보호한다면 자유롭게 살 수 있을까요?

우리는 스스로를 지킬 줄 알지요.

다른 사람들에 대한 두려움으로부터 우리는 자신을 지킬 수 있을까요?

다른 사람들로부터 자신을 지킬 수 있다면, 다른 사람들도 우리들로부터 자신을 지킬 수 있어야 할까요?

생각 정리하기

다른 사람들이 나의 자유에 방해가 되는 건 확실해요!

언제나 명령을 하고 싶어 하는 어른들은 특히 방해가 되지요.
그런데 부모님이 명령하는 게 거슬린다고 해도,
부모님의 사랑은 우리에게 자신감을 준답니다.
부모님의 사랑이 우리에게 용기를 준다고 상상해 보세요!
때때로 우리는 부모님을 실망시킬까 봐 두려워서, 부모님을 따라 하고,
부모님처럼 생각하고 살아가야 한다고 마음먹지요.
그래서 우리 자신은 자유롭지 않다고 생각을 하기도 합니다.
그건 다른 친구들과도 마찬가지랍니다.
우리가 자신을 두려워하지 않으면서 다른 사람들을
인정하고 믿게 된다면 오히려 자유로워지는 게 아닐까요?

이런 질문을 하는 건….

다른 사람들과 함께 사는 것의
좋은 점과 어려운 점들을 이해하고
받아들이도록 하기 위해서랍니다.

다른 사람들을 비난만 하는 게
아니라 다른 사람들과 함께
행동하는 것도 배우기 위해서지요.

누구나 다른 사람들이
필요하다는 걸 인정하기
위해서랍니다.

자유로운 게 외롭다는 것도 깨닫고,
외로운 것을 참을 줄도 알아야 하기
때문입니다.

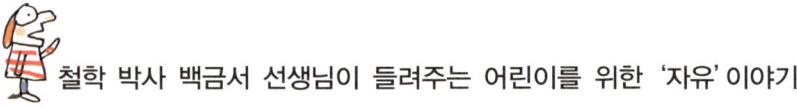 철학 박사 백금서 선생님이 들려주는 어린이를 위한 '자유' 이야기

다른 사람의 자유를 위해서 우리의 자유를 제한할 때도 있습니다!

한밤중에 아파트 위층에서 아이들이 피아노를 칩니다. 쿵쾅거리며 뛰어다닙니다. 아래층의 할아버지, 할머니는 얼마나 견디기 힘들까요? 식당에서 아이들이 마구 소리치며 돌아다닙니다. 조용하게 식사를 하던 사람들은 모두 인상을 찌푸립니다.

아이들은 '나는 자유야! 내 마음대로 할 수 있어!' 이렇게 외치는 듯합니다. 그때 엄마가 말씀을 합니다. "얘들아, 공공장소에서는 조용히 해야 한다."

이럴 때 아이들은 어떤 생각이 들까요? 자신의 자유가 침해 당했다는 생각이 들겠지요. 엄마나 선생님, 경찰들은 우리들에게 하지 말아야 할 것들을 요구합니다. "학교 복도에서는 뛰지 말아라." "아무 데서나 길을 건너서는 안 된다."

"함부로 휴지를 버려서는 안 된다."

어른들은 왜 아이들을 구속하고 자유를

방해할까요? 이런 간섭을 받을 때 아이들은 자유를 방해 받는다고 느끼지만 사실은 여러 사람과 더불어 살면서 진정으로 자유롭기 위한 훈련을 받고 있는 것입니다. 식당에서 아이들이 시끄럽게 뛰어다닐 때 식당의 다른 사람들은 편안하게 쉴 자유를 방해 받고 있습니다. 나의 자유를 누리기 위해서 남의 자유를 침해한다면 거꾸로 남도 자신의 자유를 위해서 나의 자유를 침해할 것입니다.

따라서 우리는 자신만의 자유만 주장할 수 없습니다.
우리는 여러 사람들과 함께 살고 있기 때문에 다른 사람의 자유를 위해서 자신의 자유를 조금 제한하고 상대방을 존중해야 합니다.
이것을 깨닫게 된다면 우리는 자기 마음대로 하고 싶은 충동을 스스로 참고 절제할 것입니다. 이때 우리는 자율적으로 행동하는 사람이 되며 그때에야 비로소 사회 속에서 참된 자유를
누릴 수 있게 됩니다.

성장

우리가 자유로워지려면
어른이 되어야 하나요?

어른들만 자기 삶의 주인이 될 수 있습니다.

어른은 자기 자신 외에는
다른 주인이 없을까요?

자기가 삶의 주인이라 해도
모든 걸 자신이 다 통제할 수
없다는 것도 인정해야 하는 걸까요?

성장 우리가 자유로워지려면 어떻게 해야 할까요?

자기 삶의 주인이 되는 나이가
정해져 있나요?

우리가 태어나고 죽는 것에
얽매이지 않을 때 자기 삶의
주인이 될 수 있나요?

자유롭다는 건, 해야 할 일들을
자신이 책임지는 게 아닐까요?

어른들은 해야 할 일에 대해서
어쩔 수 없이 책임을 지는 걸까요?
아니면 자유롭게 책임을 지는 걸까요?

우리 어린이들은 어른보다 해야 할 일과 걱정거리가 적답니다.

어린이들이 해야 할 일과
걱정거리는 어른들의 일이나
걱정거리보다 덜 중요할까요?

어른들은 가끔 쓸데없는 걱정거리와
일거리를 만들어 내는 것은 아닐까요?

**우리가 성장하면 경험이 훨씬 많아지고
더 깊이 생각할 줄 알게 된답니다.**

사람들은 어른이 되면서 더 깊이
생각을 안 하게 되는 건 아닐까요?

많은 궁금증을 갖지 않고 사는 게
훨씬 더 편안하지 않을까요?

만약 우리가 깊이 생각하지 않고
무조건 행동한다면 더 자유롭지 않을까요?

성장 | 우리가 자유로워지려면 어른이 되어야 하나요?

자유란,
항상 우리가 하고 싶은 것을 하는 걸까요?

부모님은 오히려 부모님의 마음에 드는
일만 우리에게 시키는 게 아닐까요?

나는 하고 싶은 것을 벌써 하고 있고,
또 지금도 재미있답니다.

지금 해야 할 일을 하지 않고 놀기만
한다면 이다음에 자유로울 수 있을까요?

자유롭기 위해서 인생을 '놀이'라고
가볍게 생각할 수도 있을까요?

어른이 된다면 모든 일에 대해서
무서운 생각이 줄어들 겁니다.

우리는 두려움 때문에
항상 자유롭지 못할까요?

자유란, 더 이상 두려움을 갖지
않거나 두려움을 이겨 내는 걸까요?

성장 우리가 자유로워지려면 어른이 되어야 하나요? 52 | 53

두려움이 우리를 위험으로부터
보호해 주기도 할까요?

우리는 자라면서 새로운
두려움들을 갖게 되지는 않을까요?

생각정리하기

우리는 부모님보다 덜 자유롭다고 느끼지요!

그 이유는 우리가 살아가는 데 부모님이 꼭 필요하기 때문이랍니다.
그런데 어른이 되어서 스스로 자신을 책임질 수 있게 된다 해도
가족과 일과 사회에 대해서도 지켜야 할 의무들이 더 많아진답니다.
해야 할 일들이 너무 많아서, 어른은 어린이들이 노는 것처럼
마음 편히 놀 수 없을 때도 있지요.
우리도 언젠가는 걱정을 하게 되고 두려움을 갖게 된답니다.
어른이 되면 자신이 살아온 경험을 통해서 더 깊이 생각해 보고,
왜 두려워하는지에 대한 이유도 따져 볼 수 있게 됩니다.
하지만 어른은 그동안 살면서 경험한 일들 때문에 세상을 안다고 믿고
이미 정해진 생각에만 사로잡힐 수도 있답니다.
그렇기 때문에 어린이가 자신의 삶을 책임질 수 있기 위해서는 자라야 하는
것처럼, 어른은 세상과 인생에 대하여 자유로운 시선을 갖기 위해서
어린 시절을 떠올려야만 한답니다.

> 이런 질문을
> 하는 건…

자유는 일생 동안 배우는 것이라는 걸
알 수 있도록 하기 위해서랍니다.

그리고 자유는 나이에 따라 모습이 달라질 수 있다는
걸 깨닫게 하기 위해서지요.

두려움에 사로잡히지 않도록
자신의 두려움이 무엇인지
이해해야 하기 때문이지요.

자유란, 내일을 두려워하지 않고,
매 순간마다 최선을 다할 줄 아는
것이랍니다.

 철학 박사 백금서 선생님이 들려주는 어린이를 위한 '자유' 이야기

참된 자유는 어떤 행동을 선택할 때
어떤 결과가 나올지를 알고 선택하는 것입니다!

"엄마들은 왜 일찍 자라고 할까요?
나는 재미있는 텔레비전 프로그램을 더 보고 늦게 자고 싶습니다.
그런데 어른들은 "내일 학교에 가서 존다. 키 안 큰다."고 소리치면서 빨리

잠자리에 들라고 성화입니다. 또 "빨리 이빨 닦아라."
"이제 그만 먹어라. 단 과자는 몸에 안 좋아." "숙제 다 했니?
컴퓨터 게임 그만 하고 숙제해라!" 이렇게 잔소리를 합니다.
어른들은 얼마나 좋을까요? 어른이 되면 무엇이든 다할 수 있잖아요.
자유잖아요. 나도 빨리 어른이 되어 컴퓨터 게임도 실컷 하고 아침에 늦게
일어나고 내 마음대로 하고 싶습니다. 아니 하루라도 어른들과 바꾸어 살아
보고 싶어요. 왜 어른들만 그렇게 많은 자유를 누리는 걸까요?
아이들은 할 말이 많습니다. 왜 어른들은 아이들이 하기 싫은 일을 억지로
강요할까요? 물론 어른들이 자기의 이익 때문에 아이들이 하고 싶어 하는
일을 못하게 하는 경우도 있습니다.
그러나 사랑과 배려로 간섭하는 엄마나 선생님들은 아이들이 참된 자유를
얻도록 도와주고 있는 겁니다.
아이들은 키가 크려면 더 많이 자야 하고, 단 과자를 많이 먹으면
이빨이 썩어서 건강에 나쁘다는 것을 아직 알지 못합니다.
또 지금 공부가 하기 싫어도 먼 미래에 훌륭한 사람이 되기 위해서는 놀고
싶은 욕망을 억제하고 공부를 열심히 해야 한다는 것을 잘 알지 못합니다.
아이들은 성장해 가면서 비로소 스스로 생각하고 판단하여 옳지 않다고
여겨지는 것은 하지 않게 됩니다. 그러기 위해서는 생각의 키도 자라야 하고
욕망도 다스릴 줄 알아야 합니다. 참된 자유란 어떤 행동을 선택할 때 어떤
결과가 나올지를 알고 자유롭게 선택을 하는 것입니다. 그리고 그 행동에
대해서 자신이 책임을 지는 것입니다.

죄수

감옥에 갇힌 **죄수**에게
자유가 있나요?

죄수는 자유가 없겠지요.
왜냐하면 죄수는 가고 싶은 곳에 갈 수 없도록
금지시켰으니까요.

제멋대로인 죄수의 자유를 빼앗아서
다른 사람들의 자유를 존중하는 법을
가르쳐 줄 수 있을까요?

선고받은 형량을 살지 않고
감옥에서 도망을 친다면 그 죄수는
더 자유로울 수 있을까요?

우리는 가고 싶은 곳을
언제든지 어디든지
마음대로 갈 수 있나요?

우리는 '하면 안 된다!'는 것들 때문에
항상 마음대로 못하는 걸까요?

죄수 감옥에 갇힌 죄수에게 자유가 있나요?

상상과 꿈들이 우리 삶을
대신할 수 있을까요?

자유는 우리들의
꿈속에만 있는 걸까요?

감옥에 있는 죄수도 자신의 상황을 받아들이고
희망을 간직하고 있다면 자유로울 수 있지요.

억울하게 벌을 받게 되었을 때
우리는 자신의 운명을 그대로
받아들여야만 할까요?

자신의 운명을 그대로 받아들이는 것은
우리 삶을 다른 사람들이 마음대로
하도록 하는 것은 아닐까요?

자유롭기 위해서
아무것도 바라지 않고 아무것도
기다리지 않는 게 더 나은 걸까요?

우리는 자신의 상황을 더 좋게
하려는 노력을 하지 않으면서도
희망을 가질 수 있을까요?

죄수는 사회로부터 버림을 받았기 때문에 자유가 없답니다.

감옥에 들어간 죄수가 먼저 사회를
버리기로 마음을 먹은 건 아닐까요?

우리는 죄수를 감옥에 보내서
사회로부터 그 사람을 쫓아내는 걸까요?

여럿이 모여 사는 게 우리의
자유를 방해하는 것은 아닐까요?

사회는 지나치게 행동이 자유로운
예술가들을 받아들이지 못하는 건
아닐까요?

죄수는 자신이 하고 싶은 계획들을
실천할 수 없기 때문에 자유로울 수 없습니다.

우리의 계획들이
우리의 삶을
끊임없이 복잡하게 만들지는 않을까요?

자유롭다는 것은 내일 일을
걱정하지 않고 지금 당장만
생각하고 사는 건 아닐까요?

계획을 세우고 끊임없이
노력을 한다면 언젠가는
자신의 꿈이 이루어질까요?

자유로워지기 위해서 억지로라도
몸을 움직여야만 할까요?

생각정리하기

**죄수는 갇혀 있기 때문에 다른 사람들이 보기에
자유를 빼앗긴 사람으로 보인답니다!**

그렇지만 몸이 매어 있다고 해도 정신은 얼마든지 자유롭게
무엇인가를 만들어 내고 감옥의 벽 너머로 생각을 펼칠 수 있습니다.
하지만 죄수의 생각은 그가 매일 지켜야 하는 금지 사항들 때문에
제한을 받는 것은 아닐까요?
만약에 죄수가 여러 가지 계획들을 세운다고 해도 실제로
계획들을 실행할 수는 없지요.
그래서 죄수는 희망을 잃고 갇혔다고 느낄 수 있답니다.
꿈을 꾸면서 현실에서 벗어나는 것보다는 지금의 상황을 받아들이면서
다시 한 번 자기 인생의 주인이 되어야 한다는 다짐을 해야 하지 않을까요?

이런 질문을
하는 건….

우리의 삶이 우리가 꿈꾸는 것과
언제나 같지는 않다는 것을
받아들여야 하기 때문입니다.

우리는 자신이 한 행동과 결과들에
대해서 책임져야 하기 때문이지요.

사람은 마음만 먹으면 할 수 없는 일이 거의 없다는 걸
알 수 있도록 하기 위해서랍니다.

사람은 마음만 먹으면
여러 상황들에 자신을 맞출 수
있다는 걸 배우기 위해서랍니다.

철학 박사 백금서 선생님이 들려주는 어린이를 위한 '자유' 이야기

정신의 자유와 행동의 자유

"자유롭고 싶다고, 여기서 벗어나고 싶다고 절실히 느꼈던 적이 있나요?"
이런 질문을 받으면 많은 아이들은 이렇게 말합니다.
"아파서 병원에 입원했을 때요. 빨리 병이 나아서 친구들과 놀이터에서 맘껏 놀고 싶었어요." "엄마가 수학 공부하라고 해서 꼼짝없이 책상 앞에 앉아

있었을 때요. 친구들이 공 차는 소리가 들리는 것 같았어요."
우리는 갇혀서 어디든지 마음대로 갈 수 없을 때 가장 자유롭지 못하다고
느낍니다. 감옥에 갇힌 죄수는 얼마나 답답할까요? 그는 쇠창살 안에 갇혀
밖으로 나가는 자유를 빼앗긴 사람이지요.
하지만 감옥에 갇혀서도 사람은 정신적 자유를 누릴 수는 있어요.
그는 마음대로 생각하고 상상하고 꿈꿀 수 있으니까요. 그가 머릿속으로
어떤 종교를 믿건 어느 누구도 그의 정신을 마음대로 방해할 수 없습니다.
히틀러가 유태인들을 죽음의 수용소에 가두었을 때에도 그들은 유태교를
믿었고 양심의 자유를 지키려고 애썼습니다. 옛날 흑인들이 백인들의
노예였을 때 노예는 마치 짐승처럼 채찍질을 당하고 물건처럼 사고팔렸지요.
하지만 그런 상황에서도 주인은 노예들의 생각까지 지배할 수는 없었습니다.
노예들은 고향을 생각하고 자유롭게 뛰어놀던 어린 시절을 회상하고
노예 제도가 없어질 그날을 상상했습니다.
그들은 정신의 자유를 갖고 있었지요.
하지만 죄수나 노예는 바로 자신의 생각을 실천할 수는 없습니다.
꿈을 꿀 수는 있지만 그것을 행동으로 옮길 수는 없지요. 만일 일어나서
밖으로 나가려고 하면 그는 자유롭지 못하다고 느끼게 될 겁니다.

권리

우리는 모두 자유로울 권리를 갖고 있나요?

자유는 인간의 권리 가운데 하나이기 때문에
모든 사람은 자유로울 권리를 갖고 있습니다.

권리들은 언제나
존중을 받을까요?

모든 국가에게 인간의 권리를
존중하라고 강요해야 할까요?

어린이들과 어른들은
똑같은 권리를 갖고 있을까요?

의무도 없고 책임도 없는
권리들이 있을까요?

가난하고 배우지 못한다면 우리는 자유로울 수 없습니다.

부자들은 재산 때문에
자유롭지 않을 수도 있을까요?

부자들은 가난한 사람들이
돈에서 자유롭기를 바랄까요?

권리 우리는 모두 자유로울 권리를 갖고 있나요?

과학자가 되려면 부자여야만 할까요?

자유롭게 배우려면 우리가 알고 있는 것들을 잊어버려야만 할까요?

각자 다른 사람의 자유를 존중한다면
모두 자유로울 권리를 가질 수 있답니다.

그래도 각자 자신의 자유를
지켜야만 하지 않을까요?

남을 괴롭히는 자유가
존중받을 수 있을까요?

다른 사람들의 자유가
자신의 자유보다 더 소중할까요?

민주주의가 아닌 나라에서는
자유에 대한 권리가 없답니다.

우리는 인간의 자유를
막을 수 있을까요?

자유로운 인간이 있는 곳은
따로 정해져 있는 걸까요?

편리 우리는 모두 자유롭게 권리를 갖고 있나요? 82 | 83

민주주의에서는 모든 사람에게
똑같이 자유가 있나요?

자유롭기 위해서 투표하는 것만으로
충분할까요? 아니면 뉴스도 읽고 깊이
생각할 줄도 알아야 할까요?

우리가 권리를 위해서 싸울 준비가 되어 있다면
자유에 대한 권리가 있는 것이랍니다.

자유란 어떤 대가로 받는 것일까요?

자유롭기 위해서 자기 자신과 싸워야 할까요? 아니면 다른 사람들과 싸워야 할까요?

사람들이 자유를 지키기 위해서 죽을 만큼 자유는 가치가 있는 걸까요?

자유를 지키기 위해서 전쟁을 하는 게 언제나 옳은 일일까요?

만약 지도자가 없다면 자유에 대한 올바른 권리도 보장할 수 없답니다!

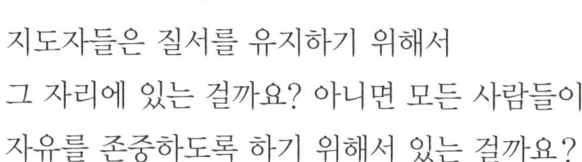

지도자들은 질서를 유지하기 위해서
그 자리에 있는 걸까요? 아니면 모든 사람들이
자유를 존중하도록 하기 위해서 있는 걸까요?

지도자가 있어도 사회가
난장판이 될 수 있을까요?

난장판으로 사는 건 나쁜 걸까요?

각자 자기 자신만의 지도자가
될 수도 있을까요?

생각정리하기

인권 선언에 따르면, 자유는 모든 사람들을 위한 권리랍니다!

이 세상을 관찰해 보면, 자유롭지 못한 사람들도 많습니다.
그 사람들은 가난하고 배우지 못했거나
권리를 존중하지 않는 나라에서 살고 있기 때문이지요.
하지만 어느 곳에 살든, 인간은 언제나 자신의 자유를 위해서 싸워야 합니다.
왜냐하면 자유는 한 번 얻는 것으로 끝나는 게 아니기 때문입니다.
모든 사람들이 자유로울 권리를 가지려면, 각자 다른 사람의 자유를 존중하고
다른 사람의 자유를 제한하지 말아야 합니다.
모든 사람의 자유를 보장하려면 지도자에게 개인적인 자유를
조금 넘겨줄 수도 있지요.
왜냐하면 자유가 권리라면 자유에는 의무도 따라오기 때문입니다.

> 이런 질문을 하는 건….

우리가 부당한 것에 대해서 말을 하지 않으면 그러한 것들이 없어지지 않는다는 것을 알아야 합니다.

자유는 당연한 것이 아니라 싸워서 얻어 내야 한다는 것을 알도록 하기 위해서랍니다.

각자의 자유와 다른 사람들의 자유에 대해서 책임이 따른다는 것을 알아야 하기 때문입니다.

싸워야 할 필요가 있을 때 싸울 줄 알도록 하기 위해서랍니다.

권리 | 우리는 모두 자유로운 권리를 갖고 있나요?

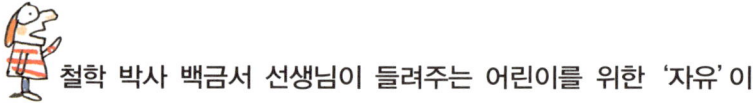
철학 박사 백금서 선생님이 들려주는 어린이를 위한 '자유' 이야기

아직도 자유에 차별이 있습니다!

'자유의 여신상'을 알고 있나요? 횃불을 높이 들고 강변에 서 있는 거대한 여신의 모습은 미국의 자유를 상징합니다. 예전에 미국에서는 흑인이 백인의 노예로 사고팔리는 일이 많았습니다. 흑인은 자유를 얻기 위해서 백인과 전쟁을 했습니다. 그 결과 미국에서는 얼굴색에 의한 차별은 사라지고 누구나 자유로운 삶을 누리게 되었습니다. 이제까지의 역사를 살펴보면 누구나 자유를 누렸던 것은 아닙니다. 힘이 센 사람에 의해서 힘없는 사람이, 남성에 의해서 여성이, 어른에 의해서 어린이가 지배를 받아 왔습니다. 남의 지배를 받고 자유롭지 못한 사람들은 자신의 권리를 위해 투쟁을 했습니다. 그 결과

오늘날에는 모든 사람이 원하는 것은 무엇이든 할 수 있는 자유 민주주의 사회가 등장했습니다. 그러면 과연 이제 모든 사람이 똑같이 자유로울까요? 물론 이제 더 이상 노예는 없습니다. 하지만 부자와 가난한 사람 사이에 차별이 있습니다. 텔레비전을 켜면 화려한 상품이 우리를 유혹합니다. 뷔페 식당에는 먹을 게 넘쳐 납니다. 부자라면 비행기를 타고 하와이에 가서 여름휴가를 즐길 수 있고 백화점에 가서 예쁜 옷을 마음껏 살 수 있는 자유가 있습니다. 하지만 가난한 아이들은 점심을 굶고 있습니다. 좋은 물건을 살 자유가 없습니다. 또 아직도 아프리카의 가난한 아이들은 남의 집에 팔려 가서 제대로 먹지도 못하고 지나치게 힘든 노동에 시달리고 있습니다. 그래서 앞으로 모든 사람이 진정한 자유를 얻을 수 있는 그날까지 우리 모두는 노력해야 합니다.

쓰임

자유는 어디에
쓸 수 있나요?

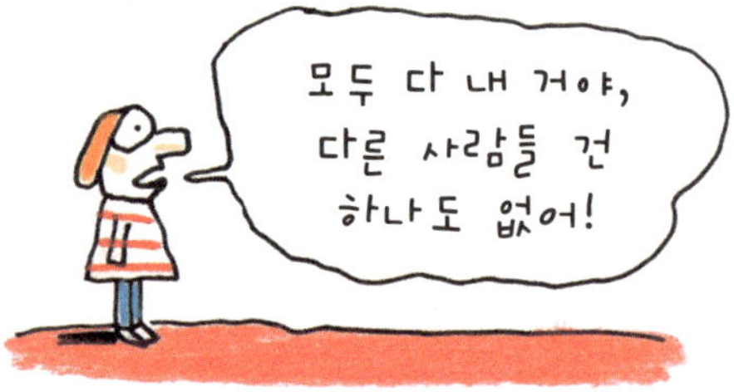

우리가 행복해지기 위해서 그리고
다른 사람들을 행복하게 해 주기 위해서
우리의 자유를 사용해야 할까요?

원하는 것을 할 수 있을 때
언제나 기분이 좋을까요?

우리는 행복해지기 위해서 자유를 사용한답니다.

잘못될까 봐 무서워서 마음대로
모험을 하지 못하는 것은 아닐까요?

우리는 자유로우면서 동시에
불행할 수도 있을까요?

몸집이 크면 큰 대로 작으면 작은 대로 인정하고,
다른 사람들에게도 그것을 받아들이게 해야 합니다.

우리는 다른 사람들에게 자신의 생각을
받아들이도록 강요해야 할까요?

다른 사람들이 자신보다 말랐거나
크다는 것을 인정해야 할까요?

우리가 외모에 신경을 덜 쓰는 만큼
더 자유롭지 않을까요?

우리 모습을 받아들이려면
다른 사람들의 동의가 필요할까요?

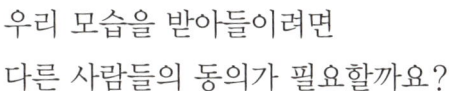

세상을 앞으로 나아가도록 하는
새로운 생각들을 찾는 데 자유를 사용합니다.

새로운 생각들은 언제나 세상에
좋은 일만 가져다 줄까요?

쓰임 자유는 어디에 쓸 수 있나요?

우리가 먼저 세상을
이해해야 하는 것일까요?

자기 자신을 발전시키기 위한
방법들을 먼저 찾아야 하지 않을까요?

우리가 원하는 직업을 선택하고
인생을 뜻 깊게 살기 위해서 자유가 필요합니다.

직업은 먹고사는 생활을 위해서만 필요할까요? 아니면 삶의 의미를 주기 때문일까요?

만약에 우리가 원하는 직업을 갖지 못한다면 우리 인생은 아무 의미가 없을까요?

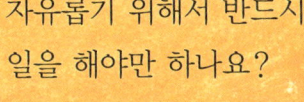

인생에서 어떤 의미를 발견하기 위해서 아무것도 하지 않는 걸 배워야 할까요?

자신을 더 잘 알기 위해서
자신의 단점들을 물리치는 데 자유를 활용한답니다.

자유롭기 위해서 오히려
자기 자신으로부터
벗어나야만 할까요?

우리의 단점들을 발견함으로써
우리 모습을 더 잘 알 수 있는 게 아닐까요?

자유는 어디에 쓸 수 있나요?

우리는 이미 자신에 대해서 어느 정도는 알고 있는 게 아닐까요?

맞아. 그런데 누구?

산다는 것은, 매 순간마다 다시 태어나는 것은 아닐까요?

멋지다! 오늘도 내 생일이야!

죽는 것을 깨닫는 게 우리에게
잘사는 것을 가르쳐 줄 수 있을까요?

죽음을 물리치는 것을
마음대로 할 수 있을까요?

우리 모두는 언젠가는 죽기 때문에 때때로
자유조차 쓸 데가 없다고 생각합니다.

죽음이 삶보다 훨씬 힘이 센가요?

생각정리하기

자유는 보물처럼 지키고 아껴야 하는 것이랍니다!

대부분의 사람은 친구나 사회에서 여러 가지 이유로
조화를 이루지 못할 때 자유롭고 싶어 합니다.
자유는 삶에 대해서 스스로 책임을 지고, 우리 자신을 더 잘 알게 하거나
인생에 의미를 주게 하는 하나의 방법이랍니다.
우리 모두는 언젠가는 모두 죽습니다.
하지만 그런 사실 때문에 삶을 엉망으로 살아서는 안 됩니다.
오히려 그렇기 때문에 더 열심히 그리고
언제나 최선을 다해서 살아야 하지요.

이런 질문을 하는 건….

자유가 모든 나쁜 점들을 치료해 주는 건 아니라는 것을 배워야 하기 때문이지요.

위대한 생각들은 사람들이 살아가는 데 아주 유용하다는 것을 깨닫게 하기 위해서랍니다.
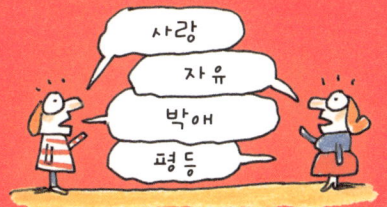

자유가 언제나 가장 중요한 것은 아니라는 것도 알아야 하기 때문입니다.

우리가 다른 사람들에게 아무것도 바라지 않고 행동을 하도록 하기 위해서입니다.

 철학 박사 백금서 선생님이 들려주는 어린이를 위한 '자유' 이야기

자유는 꿈을 이루고 행복한 삶을 위해서 꼭 필요해요!

어른들은 아이들에게 "너는 커서 무엇이 되고 싶니?"라는 질문을 자주 던집니다. 커서 어떤 직업을 가질지 생각해 본 적이 있나요? 고민스럽지요. "나는 만화가도 되고 싶고, 가수도 되고 싶고 의사도 되고 싶어요. 나는 되고 싶은 게 아주 많아요."라고 대답하는 아이들도 있습니다. 왜 그런 직업을 택하고 싶나요? 어른들이 직업을 택하는 이유는 먹고살기 위해서이기도 하지만 자기가 하고 싶은 일을 마음껏 해 보고 성취하는 기쁨을 맛보기 위해서입니다. 어린아이들도 자신이 좋아하는 일을 열심히 해서 무언가를 성취하면 즐거워합니다. 레고로 멋진 집을 만들거나 심지어 전자오락 게임에서 높은 점수를 따면 의기양양해서 남들에게 자랑하고 즐거워하지요. 또 남들에게 인정을 받으면 최고로 기쁩니다. 하지만 나는 하기 싫은데 누가 강제로 그것을 하라고 시킨다면 과연 즐거울까요? 그렇게 하고 싶던 게임도

강제로 꼭 계속해야 한다면 나중에는 싫어질 거예요. 이처럼 우리는 무슨 일을 하든 무엇보다 스스로 자유롭게 선택해서 열심히 몰두할 때 비로소 행복을 맛볼 수 있답니다. 자유는 개인의 꿈을 이루고 행복한 삶을 위해서는 꼭 필요한 것이지요.

백금서 | 서울대학교 대학원에서 철학 박사 학위를 받은 선생님은 서울대학교, 성균관대학교, 이화여자대학교 등에서 철학개론, 논리학, 인간과 가치, 윤리학, 논리·논술 등을 오랫동안 강의했습니다. 요즈음은 조선대학교 철학과 객원 교수로 강의하면서 어린이들에게 올바른 철학 교육을 시키고, 논리·논술의 중요성을 어려서부터 깨닫게 하기 위해서 〈어린이 철학과 논술 연구소〉를 운영하고 있답니다. 연구소에서는 어린이 철학과 토론, 논술 프로그램 등을 통하여 생각하는 논리 철학을 가르치고 있습니다.

자유가 뭐예요?

글 | 오스카 브르니피에
그림 | 프레데릭 레베나
옮김 | 양진희

재판 1쇄 발행 | 2012년 4월 20일
재판 18쇄 발행 | 2024년 9월 24일

펴낸이 | 신난향
편집위원 | 박영배
펴낸곳 | (주)맥스교육(상수리)
출판등록 | 2011년 8월 17일(제2022-000038호)
주소 | 경기도 성남시 분당구 운중로 142, 903호(운중동, 판교메디칼타워)
전화 | 02-589-5133 팩스 | 02-589-5088
홈페이지 | www.maxedu.co.kr 블로그 | blog.naver.com/sangsuri_i

기획·편집 | 김소연
영업·마케팅 | 배정아
경영지원 | 박윤정

ISBN 978-89-960299-9-1 64100

＊이 책의 내용을 일부 또는 전부를 재사용하려면 반드시 (주)맥스교육(상수리)의 동의를 얻어야 합니다.
＊잘못된 책은 구입한 곳에서 바꾸어 드립니다.

> 상수리는 독자 여러분의 귀한 원고를 기다리고 있습니다.
> 투고 원고는 이메일 contactus@snptime.com으로 보내 주세요.

어린이제품안전특별법에 의한 제품 표시
제조자명 (주)맥스교육(상수리) ＼ **제조국** 대한민국 ＼ **제조년월** 2024년 9월 ＼ **사용연령** 만 7세 이상 어린이 제품